AF265647

LE NOUVEAU
DICTIONNAIRE
COMPLET
DU JARGON DE L'ARGOT

OU LE

LANGAGE DES VOLEURS DÉVOILÉ

CONTENANT

Tous les mots usités, reconnus et adoptés par eux avec
leurs explications et leurs définitions;

SUIVI

Des nouveaux genres de vols et escroqueries nou-
vellement employés par eux,

Et terminé par des Chansons en français et en argot.

———⬤———

PARIS.

LE BAILLY, LIBRAIRE,

27, quai des Augustins.

INTRODUCTION.

L'histoire nous apprend qu'un roi de France ayant établi des foires à Niort, Fontenay et autres villes du Poitou, les vieux merciers, jaloux de la concurrence que leur faisaient de nouveaux marchands qui tenaient leurs articles, formèrent entre eux une espèce de syndicat ou maîtrise et arrêtèrent qu'à l'avenir ceux qui voudraient faire partie de leur corporation, se feraient recevoir par les anciens, et prendraient les noms de *marcelots*, *péchons* et *melotiers-hure*, puis ordonnèrent un certain langage intelligible pour les membres seuls de l'association.

Les concurrents ainsi expulsés finirent par faire de mauvaises spéculations, et ne laissèrent pas néanmoins de fréquenter les foires, en s'adjoignant une grande quantité de bateleurs et de gens sans aveu ; ils composèrent pour eux un jargon mixte tenant de celui des merciers et de l'idiome des Bohémiens, devinrent mendiants, et plus tard voleurs de grand chemin ; ils s'organisèrent ainsi : le chef prit le nom de *Grand-Coesre*, qui nomma dans chaque province des lieutenants qui prirent les noms suivants : *cagous, archi-suppôts de l'argot, les narquois, les orphelins, les milliards, les marcandiers, les riffodés, les capons, les malingreux, les polissons, les piètres, les callots, les francs-mitoux, les sabouleux, les coquillards, les convertis, les courtauds de boutanche,* tous sujets du Grand-Coesre ou roi de Thunes.

Depuis longtemps le royaume d'argot ou la grande Truanderie n'existe plus, mais l'ignoble langue de cette corporation criminelle s'est soutenue jusqu'à nos jours parmi les malfaiteurs.

Ce langage énergique parfois, sauvage et imaginé, est rempli de figures pittoresques, qui respirent souvent le sang et le meurtre, et pourtant on le parle à nos côtés, et nous ne le comprenons pas, il n'est pas jusqu'aux enfants qui l'emploie; car nul ne saurait croire combien de myriades de petits voleurs battent chaque jour le pavé de Paris; il arrive souvent que la police en prend par plusieurs douzaines d'un seul coup de filet, mais alors voici ce qui arrive, ou les petits larrons sont réclamés par leurs parents auxquels le tribunal les rend après avoir déclaré qu'ils ont agi sans discernement, ou ils sont envoyés pour plusieurs années dans une maison de correction. Dans le premier cas, ils parviennent promptement à s'affranchir de nouveau de la surveillance de leurs parents, qui sont ordinairement des artisans dont tous les instants sont consacrés au travail; dans le second, ils achèvent de se perdre en prison où ils se trouvent en contact avec les plus corrompus. L'on compte huit prisons à Paris, savoir : la Préfecture de police, la Conciergerie, la Roquette, ou nouveau Bicêtre, la Force, les Madelonnettes, Sainte-Pélagie, Clichy et Saint-Lazare pour les femmes ; la moyenne des détenus est de 10,000 ; sur ces 10,000, on peut compter : 2,000 voleurs habitués, assassins ou vagabonds ; 3,000 enfants de 12 à 18 ans ; 5,000 condamnés pour une première faute ou de simples délits.

Grâce à l'immoralité qui règne dans les prisons, sur 5,000 détenus pour une première faute, on peut en compter 3,000 qui sont corrompus à jamais.....

Ces lieux affectés à la correction, sont donc de permanentes pépinières d'*argotiers*.

Hommes vertueux ! peut-être l'homme qui vous coudoie forme le dessein de vous dévaliser. Sûr de n'être pas compris de vous, il parle librement à vos côtés du sort qu'il vous réserve. Rien ne peut vous sauver, rien que la connaissance de ce langage affreux qu'emploient entre eux les voleurs, les assassins et les prostituées.

Rougiriez-vous de le connaître ? Oui, je le conçois, vous rougiriez de l'apprendre de la bouche de ceux qui s'en servent pour commettre ou pour faciliter leurs méfaits, mais vous ne risquez rien de l'apprendre de nous, dans la lecture de ce petit livre.

Il existe dans cet idiome de sang plusieurs mots qui en rendent un seul ; il arrive aussi quelquefois que le même mot, suivant la manière dont il est placé, signifie telle ou telle chose. Quand nous rencontrerons de tels mots, nous les présenterons avec divers membres de phrases, et nous les analyserons.

Cet ouvrage sera le plus complet qui ait été publié jusqu'à ce jour. Il s'attache à un intérêt d'utilité publique; en dévoilant le langage des voleurs, il contribuera à détruire cette *franc-maçonnerie* du vol qui s'étend tous les jours; il mettra les propriétaires sur leurs gardes et sera utile à tous. Quant au reproche que l'on nous fera sans doute d'être les précepteurs des apprentis voleurs, nous n'aurons pas de peine à en prouver l'injustice. Ce livre ne pourrait être mauvais que s'il était clandestin. Publié à bon marché et publiquement, il révèle aux honnêtes gens un langage qui est pour eux une menace perpétuelle, il les met à même de prévenir le vol et de le dénommer. En cela l'auteur croit avoir mis au jour une publication véritablement utile et morale. C'est dans l'intérêt de la société qu'il a fait des études qui répugnaient à son caractère : il sera assez récompensé s'il a l'espoir de faire quelque bien.

DICTIONNAIRE ARGOT-FRANÇAIS.

ABBAYE. — Four.
ABBAYE RUSANTE.—Four chaud.
ABBAYE DE MONTE-A-REGRET.
— L'échafaud.
ABATTOIR. — Cachot des con-
damnés.
ABLOQUIR. — Acheter.
ABOUDIER. — Sasser.
ABOULE. — Viens.
ABOULER. — Venir.
ABOULEZ. — Venez.
ABOUR. — Sas ou tamis.
ACCOERRER. — Accommoder, ar-
ranger.
ACRIE ou ACRÉ. — Méfiance.
AFFE (l'). — La vie.
AFFUR. — Profit.
AFFUTER. — Gagner.
AFFURER. — Triompher, tromper.
AGATE. — Faïence.
A LA CARRE. — Mettre de côté.
A LA TARRE. — Voler des mou-
choirs.
ALLER AU PRÉ. — Condamné au
bagne.
ALPAGA. — Habit.
AMADOUAGE. — Mariage.
AMADOUE. — Se grimer.
AMADOUÉ. — Marié.
AMBASSADEUR. — Entreteneur
d'une fille.
AMBASSADEUR. — Cordonnier.
AMBIER — Fuir.
ANDOSSE. — Echine du dos.
ANGLUCES. — Oies.
ANGOULÊME (l'). — La bouche.
ANQUILLEUSE. — Femme qui
porte un tablier pour cacher ce
qu'elle vole.
ANTIFE. — Marche.
ANTILLES. — Testicules.
ANTROLER. — Emporter.
APIC. Ail.
APOLLOTTE. — Sain.
APOTRES. — Doigts.
APP (salon d'). — Salon d'Apollon.

AQUIGER. — Prendre.
ARBALETE. — Croix.
ARCHI-SUPPOT. — Docteur.
ARDANTS (les). — Les yeux.
ARQUEPINCER.—Prendre, saisir.
ARPIONS (les). — Les pieds.
ARNAU. — Mauvaise humeur.
ARÇONNER. — Faire parler.
ARGOT. — Bête.
ARGOTÉ. — Qui se croit malin.
ARBIF. — En colère.
ARNAQUE. — Agent de sûreté.
ARRACHER DU CHIENDENT. —
Chercher pratique.
ARTIE. — Pain.
ARTIE DE MEULAN.—Pain blanc.
ARTIE DE GROS-GUILLAUME.—
Pain bis.
ARTIE DE GRIMAUT. — Pain
moisi.
ASPIC. — Avare.
ASTIC. — Epée.
ATIGER. — Blesser.
ATOUT (de l'). — Du courage.
ATTACHE. — Boucle.
ATTACHES D'HUILE. — Boucles
d'argent.
ATTRIMER. — Prendre.
AU BONJOUR. — Voler le matin
pendant le sommeil.
AU PLAN. — En prison.
AU CLOU (être). — Etre détenu.
AUTOR (d'). — D'autorité.
AVANT-COURRIER.—Mèche an-
glaise à percer.
AVERGOTS. — OEufs.
AVOIR UNE FIÈVRE CÉRÉBRA-
LE. — Condamné ou menacé de
mort.
AVOCAT BÊCHEUR.—Procureur
de la République.

BABILLARD. — Livre.
BABILLARDE. — Lettre, épître.
BABILLER. — Lire.
BABILLAUDIER. — Libraire.

BACHASSE. — Galère.
BACLER. — Fermer.
BACON ou BACCON. — Porc.
BAFFRER. — Manger.
BAGOUL. — Nom.
BAGOULER. — Nommer.
BALAUDE .. — Mendier.
BALLE. — Une livre ou un franc.
BALLE ÉLASTIQUE (faire). — Manquer de vivres.
BAIGNEUSE. — Tête.
BALLUCHON. — Paquet.
BALLADEUR. — Paresseux, flâneur.
BAISER LA CAMARDE. — Mourir.
BANDRU. — Fil; Baudru. — Fouet.
BANQUET. — Banquier.
BANQUISTE. — Opérateur.
BAQUET-INSOLENT. — Blanchisseuse.
BARBAUDIER. — Portier.
BARBAUDIER DE CASTU. — Gardien d'hôpital.
BARBILLONS DE VARENNE. — Navets.
BARBILL ou BARBILLON. — Qui reçoit de l'argent d'une prostituée.
BARBOTTER. — Fouiller.
BAR-DE-TIR. — Un bas de chausse.
BASOURDI. — Abattu.
BASOURDIR. — Abattre, frapper quelqu'un.
BASTRINGUE. — Scie pour scier le fer.
BATOUZE. — Toile.
BATOUZE TOUTE BATTANTE. — Toile neuve.
BATOUZIER. — Tisserand.
BATTAQUA. — Femme malpropre.
BATTAGE. — Menée astucieuse.
BATTEUR. — Menteur.
BATTRE COMPTOIS. — Faire le niais, l'imbécile.
BATTRE L'ANTIFFE, BATTRE L'ESTRADE. — Marcher.
BAUCHER. — Moquer.
BAUDE. — Mal vénérien.
BAUDROUILLER. — Filer.
BAUGE. — Coffre.
BAVARDE (la). — La bouche.
BAZENNE. — Amadou.
BECHEUR. — Moqueur.

BEGUIN (avoir le). — Aimer quelqu'un.
BELLAUDER. — Mendier.
BÉQUILLE. — Potence.
BÉQUILLER. — Manger.
BÉQUILLEUR. — Bourreau.
BERDOUILLE. — Ventre.
BERLU. — Aveugle.
BERTELO. — Vingt sous.
BIARD. — Côté.
BIDOCHE. — Viande.
BIER. — Aller.
BIGARD. — Trou.
BIGARDÉE. — Percée.
BIGE. — Ignorant.
BIGORNE. — Langue de l'argot.
BIGORNEAUX. — Sergents de ville.
BIGOIS. — Imbécile.
BILLE. — Argent.
BILLEMON. — Billet.
BINELLE. — Faillite.
BINELLE-LOPHE. — Banqueroute.
BINETTE. — Figure.
BIRBASSE ou BIRBADE. — Vieille femme.
BIT. — Partie honteuse d'une femme.
BISSARD. — Pain bis.
BLAVIN. — Mouchoir.
BLOQUER. — Abandonner.
BOGUE EN PLATRE. — Montre d'argent.
BOGUE EN JONC. — Montre d'or.
BONDE. — Maladie de Naples.
BONICARD. — Vieil homme.
BONICARDE. — Vieille femme.
BONIMENT. — Couleur, mensonge.
BOIS AU-DESSUS DE L'OEIL-JARD. — Savoir et entendre l'argot.
BOUDER AUX DOMINOS. — Avoir des dents de moins.
BOUFFARDE. — Pipe.
BOUFFARDER. — Fumer.
BOULOTTER. — Manger.
BOUCLÉ. — Enfermé.
BOULE DE SON. — Pain bis.
BOUILLANTE. — Soupe.
BOULINER. — Voler.
BOULINGUER. — Déchirer.
BOUIS (le). — Le fouet.
BOUISER. — Fouetter.
BOUCHER. — Médecin.
BOULE. — Foire.

BOULANGER. — Le diable.
BOURDON. — Femme prostituée.
BOURGEOIS. — Bourg.
BOUTANGE. — Boutique.
BERBUANTE. — Une bague.
BRANQUE. — Ane.
BRAS. — Grand.
BRASSE. — Grande.
BRASSET. — Gros.
BRASSETTE. — Grosse.
BRAILLARDE. — Caleçon.
BRENICLE. — Terme négatif.
BREMES. — Cartes à jouer.
BRICARD. — Escalier.
BRICMON. — Briquet de fantassin.
BRIDE. — Chaîne de montre.
BRIDER. — Fermer.
BRICULE. — Officier de paix.
BRIQMANN. — Sabre de cavalerie.
BRIGEANTS. — Cheveux.
BRIGANTE. — Perruque.
BROQUANTE. — Chose de peu de
    valeur.
BROQUE. — Un liard.
BROQUILLE. — Bague.
BROUÉE. — Des coups.
BRULER LE PÉGRIOT. — Faire
    disparaitre la trace d'un vol.
BRULÉ. — Déjoué.
BRUTUS. — Bretagne.
BUSTINGUE. — Hôtel où couchent
    les bateleurs.
BUTE (la). — La guillotine.
BUTER. — Tuer.
BUTRE. — Plat.

CABOCHE. — Tête.
CABRER. — Se fâcher.
CACHEMITTE. — Cachot.
CACHEMIRE D'OSIER. — Hotte
    de chiffonnier.
CADET. — Outil pour forcer les por-
    tes.
CAGETON. — Hanneton.
CAGOU. — Voleur solitaire.
CALABRE. — Teigne.
CALAIN. — Vigneron.
CALLOTS. — Taigneux.
CALOQUET. — Chapeau.
CALOTTE. — Teigneuse.
CALVIN. — Raisin.
CALVIGNE. — Vigne.

CAMBUSE. — Maison.
CAMBRIOLE. — Chambre.
CAMBROUX. — Domestique mâle.
CAMBRIEUX. — Chapeau.
CAMBROUSIER. — Homme de pro-
    vince.
CAMBROUSIÈRE. — Femme de
    province.
CAMELOTTE EN POGNE. — Le
    vol dans la main.
CAMELOTTER. — Marchander, ou
    vendre.
CAMOUFLE. — Chandelle. — LA
    CAMOUFLE S'EXBIGNE. — La
    chandelle s'éteint.
CAMOUFFLER. — Déguisement.
CAMPLOUSE. — Campagne.
CAMUSE — Carpe.
CANNE (la). — Surveillance de la
    haute police.
CANARD. — Nouvelle mensongère.
CANTON. — Prison.
CANTONNIER. — Prisonnier.
CARABINE. — Grisette d'étudiant.
CARANT. — Planche.
CARANTE. — Table.
CARNE. — Charogne, mauvaise
    viande.
CARRER (se). — Se cacher.
CARUCHE. — Prison.
CAROUBLE. — Fausse clef.
CARROUBLEUR A LA FLANC. —
    Voleur à l'aventure.
CARROUBLEUR REFILÉ. — Vo-
    leur à fausse clef.
CARBELUCHE GALICÉ. — Cha-
    peau de soie.
CARGE. — Balle.
CARME. — Miche.
CARTAUD. — Imprimerie.
CARTAUDÉ. — Imprimé.
CARTAUDER. — Imprimer.
CARTAUDIER. — Imprimeur.
CASSANT. — Noyer.
CASQUER. — Croire un mensonge.
CASSANTES. — Noix, noisettes.
CASSEUR DE PORTES. — Voleur
    avec effraction.
CASSEROLES. — Mouchard.
CASTROZ. — Chapon du Mans.
CASTE DE CHARRUE. — Un quart
    d'écu.

CASSER LA HANE. — Couper la bourse.
CASTION. — Chapon.
CASTU. — Hôpital.
CAVÉE. — Eglise.
CAVALER (se). — S'enfuir.
CHANTAGE (banque de), où l'on escompte la diffamation.
CHANTEUR. — Voleur spéculant sur la bienfaisance.
CHANTÉ. — Dénoncé.
CHARMANT. — Galeux.
CHARMANTE. — Galeuse.
CHARMANTE. — Gale.
CHASSE-NOBLE. — Chasse-coquin, gendarme, chasses-yeux.
CHASSUE. — Aiguille.
CHAS D'OCCAS. — Loucher.
CHASSURE. — Urine.
CHARLOT. — Le bourreau.
CHARRIEUR CAMBROUSIER. — Voleur à l'aide du charlatanisme.
CHARRIEUR DE VILLE. — Voleur par les procédés chimiques.
CHIFFARDE. — Pipe.
CHIFFARDE. — Assignation.
CHOLETTE. — Chopine.
CHENUMENT. — Fort bien.
CHIEN. — Secrétaire.
CHICAN. — Marteau.
CHIQUER. — Battre.
CHICARD. — Pas mal.
CHICARDOT. — Poli.
CHIFORNION. — Foulard.
CAPE. — Ecriture.
CAPIR. — Ecrire.
CAPINE. — Ecritoire.
CAPOUS. — Les écrivains des autres.
CHIQUE. — Bon ton.
CHENATRE, CHENU. — Bon, beau.
CHIFFON ROUGE. — La langue.
CHOUETTE (être). — Etre pris.
CHOUETTE. — Beau, remarquable.
CHOPPE (être). — Etre pris.
CHOPIN. — Objet volé.
CHOURINEUR. — Tueur de chevaux.
CIVADE. — Avoine.
CIVARD. — Herbage.
CIVE. — Herbe.
CLAQUER. — Manger.
CLAVIGNER. — Vendanger.

CLAVIN. — Clou.
CLAVINE. — Vigne.
CLAVINEUR. — Vendangeur.
CLAVINIER. — Vignoble.
CLAVINS (des). — Raisins.
CUOUARD. — Membre viril.
COESRE. — Roi de l'argot.
COIRE. — Ferme ou métairie.
COMBERGE. — Confesse.
COLAS. — Le cou.
COGNE. — Gendarme.
COLTINER. — Porter un fardeau.
COMBERGEANTE. — Confession.
COMBERGO. — Confessionnal.
COMBRE. — Un chapeau.
COMMODE. — Cheminée.
COMBRIE. — Pièce d'un franc.
COUPE. — Dans la misère.
COUPLARD. — Couteau.
COUPS DE CASSEROLES. — Dénoncer ses camarades.
COUPS DE FOURCHETTES. — Vol à l'aide de deux doigts.
COUPS DE MANCHE. — Mendiant qui porte des réclames.
COFFIER. — Tuer.
CUISINIER. — Avocat.
COMTE DE CARUCHE. — Porte-clefs.
COMTE DU CANTON. — Un geôlier.
COUCE DE CASTU. — Garçon de propreté d'un hospice.
COUDE. — Permission.
CONOMBRER. — Connaître.
COQUILLARD. — Pèlerin.
CORBUCHE. — Ulcère.
CORBUCHE - LOPHE. — Ulcère faux.
CONE (la). — La mort.
CORNAUT. — Bœuf.
CORNAUTE. — Vache.
CORNER. — Puer.
CORNET D'ÉPICES. — Pères capucins.
CORNIÈRE. — Étable.
COULEURS (monter des). — Mentir.
COUSTEAUX. — Couteau.
COUPS DE VAGUE. — Vol improvisé.
COUP DE SIFFLET (un). — Un couteau.
COQUER. — Embrasser.

COQUIN. — Dénonciateur qui vend à la police. On dit aussi *coqueur*.

CONNASSE. — Femme honnête.

COSTE. — La mort.

COSNE. — Auberge.

COTON. — Dommage.

COULANT. — Lait.

COULIANTE. — Laitue.

COURBE. — Epaule.

COURBE DE MORNE. — Epaule de mouton.

CRAQUELIN. — Menteur.

CRIS. — Vite.

CRESPINIERE. — Beaucoup.

CREUSE. — Gorge.

CRIBLER A LA GRIVE. — Crier, avertir de prendre garde.

CRIBLEUR. — Crieur.

CRIC-CROC. — A ta santé.

CRIER AU VINAIGRE. — Crier après quelqu'un.

CRIE, CRIOLLE. — De la viande.

CRUCIFIX A RESSORT. — Pistolets.

CROCS (les). — Dents.

CROISANT. — Gilet.

CROME. — Crédit.

CROCHER. — Sonner.

CRONÉ, ÉE. — Ecuelle, Ecuellée.

GROTTES D'ERMITES. — Poires cuites.

CULBUTE. — Culotte.

CURIEUX. — Juge.

CURIEUX (grand). — Grand juge, président.

DABE. — Père, maître.

DABUCHE. — Mère, maîtresse.

DABUCHETTE. — Jeune mère ou belle-mère.

DABIN. — Tambour.

DABUCAL. — Royal.

DANDILLER. — Sonner.

DANDINER. — Balancer.

DANDILLON. — Cloche.

DAIMS HUPPÉS. — Gens riches.

DAUSSIÈRE. — Femme publique.

DANS LE TROU. — En prison.

DARDANT. — L'amour.

DARON. — Maître, père.

DARONNE. — Maîtresse, mère.

DAVONE. — Prune.

DÉBACLER. — Ouvrir.

DÉBOUCLER. — Ouvrir.

DÉBRIDER LA LOURDE. — Ouvrir la porte.

DECHASSE. — Yeux.

DÉVIDER LE JARS. — Parler argot.

DÉFARGUÉ. — Déchargé.

DÉFRUSQUINÉ. — Déshabillé.

DÉPOUSSER. — Faire ses nécessités.

DÉFALQUER. — Ch.... DÉPONNER. Id.

DÉFARDEUR. — Voleur.

DÉPLANQUER. — Déterrer.

DÉRONDINER. — Payer.

DÉFOURAILLER. — Courir.

DÉSARGOTER. — Faire le malin.

DÈCHE. — Perte, misère.

DÉSOLER. — Jeter.

DÉSARRER. — S'enfuir.

DÉSOLER UN SAINT. — Jeter quelqu'un à l'eau.

DÉSATILLER. — Châtrer.

DETTE (payer une). — Etre en prison.

DESTUC. — De moitié.

DESSUS. — Amant en titre.

DESSOUS. — Amant supplémentaire.

DÉTACHER LE BOUCHON. — Couper la bourse.

DÉTOSSE (être de la). — Etre ruiné.

DÉFLOUER LA PICOUSE. — Voler chez un blanchisseur le linge étendu.

DIAMANTS. — Pavés.

DÉMURGER. — S'en aller.

DONNER DU VAGUE. — Chercher pratique.

DONNER UN PONT A FAUCHER. — Tendre un piége.

DOUBLAGE. — Larcin, larronnage.

DOUBLÉ. — Volé.

DOUBLETTE. — Escroc.

DOUBLEUR. — Voleur.

DOUILLES. — Cheveux.

DOUBLEUX DE SORGUE. — Larron de nuit.

DOUBLEUSE. — Voleuse.

DOUSSE. — Fièvre, attouchement personnel.

DOUSSIN. — Plomb.

DOUSSINÉ, ÉE. — Plombé, plombée.

DRAGUE. — Chirurgien, drille.

DROGUER. — Demander.

DOMINOS. — Dents.

DURE. — Pierre ou terre.

DURAILLES D'ORPHELINS. — Pierreries.

EAU-DAFFE. — Eau-de-vie.

ÉCORNAGE. — Bris de vitre pour voler.

ÉGRAILLER ou ÉRAILLER L'OR-NIE. — Prendre la poule.

ESCOUTE. — Oreille.

EFFAROUCHER. — Voler.

ENFLAQUER. — Se perdre.

ENFLAQUÉ. — Perdu, fini.

EMBAUDER. — Prendre de force.

EMBALLÉ (être). — Être arrêté.

EMBARRAS. — Drap de lit.

EMPAVE. — Drap du lit, carrefour.

ENCENSOIR. — Fressure.

ENDROGUER. — Chercher à faire fortune.

ENGRAILLER. — Attraper.

EMBALLUCHONNER. — Envelopper, mettre en paquet.

ENRHUMER. — Ennuyer.

ENTAILLER. — Tuer avec une arme tranchante.

ENLEVER (s'). — Mourir de faim.

ENTIFFE, ENTONNE. — Eglise.

ENTERNER ou ENTRAVER. — Comprendre l'argot.

ENTROLLER. — Emporter.

ENTONNE. — Chapelle.

ÉPATTER. — Étonner.

ÉPOUSER LA FAUCANDIÈRE. — C'est quand les filous jettent ce qu'ils ont dérobé, de peur d'être pris.

ÉPOUSER LA VEUVE. — Être pendu.

ÉRAILLER. — Tuer.

ESBIGNER (s'). — S'enfuir, s'en aller.

ESBROUFFER. — Effaroucher.

ESBROUFFÉ (PESCILLER D'). — Prendre de force.

ESCARPE. — Assassin.

ESPADRILLE. — Soulier.

ESGANACER. — Rire.

ESPIGNER (s'). — Se sauver.

ESCANER. — Oter.

ESGAUR. — Perdu.

ESCAVER. — Empêcher.

ESCARCHER. — Regarder.

ESTUQUER. — Attraper un coup.

ESTAFON. — Chapon.

ESCARPER A LA CAPAHUT. — Tuer son complice pour lui voler sa part.

ESCARPIN EN CUIR DE BROUET-TE. — Sabot.

ESCLOT. — Sabot.

ESTIO. — Esprit.

ÊTRE DE LA FÊTE. — Être bien mis.

FADER ENSEMBLE. — Partager.

FAFIO-DE-SEC. — Vrai certificat.

FAFIO-LOPHE. — Faux certificat.

FAGOT. — Forçat.

FAFFES (des). — Des papiers.

FAUFFE. — Tabatière.

FANAUDEL. — Camarade.

FAISEUR. — Commerçant.

FAUVE. — Tabatière.

FLACHE. — Plaisanterie.

FARCHER DANS LE POINT. — Tomber dans un piége.

FAUCHANTS. — Ciseaux.

FAUCHÉ (être). — Être mis à mort.

FAUCHEUR. — Bourreau.

FARAUD. — Monsieur.

FARAUDE. — Madame ou mademoiselle.

FAIRE LA TORTUE. — Jeuner.

FAIRE UN MICHE. — Attraper un simple.

FAIRE FLOTTER. — Noyer.

FERLAMPIER. — Bandit.

FAIRE UNE TÊTE DANS LA FI-LASSE. — Aller se coucher.

FARGUE (être). — Être muni.

FARGUER. — Rougir.

FÉE. — Amour, maîtresse.

FÉESANT. — Amoureux.

FÉESANTE. — Amoureuse.

FAUSSANTE (une).—Un faux nom.
FLATAR. — Fiacre.
FLANDRIN. — Paresseux.
FILER. -- Suivre un individu.
FELOUSE. — Poche.
FICHER ou DEFICHER.— Bailler.
FILOCHE. — Bourse.
FLOU (le). FLOUTIÈRE. — Rien.
FERTANGE. -- Paille.
FIOLE. — Figure. On dit aussi *fertille*.
FICHER LA COLLE.—Mentir adroitement.
FICHER LA COLLE GOURDEMENT. — Être bon trucheur en perfection.
FLAMBER (un). — Un poignard.
FLAMBARDE. — Chandelle.
FLANQUER. — Mettre.
FLEURANT. — Bouquet.
FLOUANT. — Jeu.
FLOUER. — Jouer.
FLOPPÉE (une). — Une volée.
FOUGUE, FOURGAT.—Recéleur.
FOURGAINE. — Canne en jonc.
FOURLINEUR. — Homme qui vole dans les foules.
FOURCHETTE. — Doigts de la main.
FLOUEUR. — Escroc au jeu.
FONCER, FOUQUER. — Donner.
FONDANT. — Du beurre.
FONDANTE. — Une beurrée.
FORÊT-MONT-RUBIN.— Un cloaque de ville.
FORTIN. — Poivre.
FROTIN. — Billard.
FORTINIÈRE. — Poivrière.
FOUILLOUSE. — Poche.
FOURLINE.-- Filou, fouille-poche.
FOURLOUREUR. — Assassin.
FOURGASSE. — Recéleuse.
FRALIN ou FRANGIN. —Frère.
FRANGINE. — Sœur.
FRANC. -- Bas.
FRANCHE. — Basse.
FRANCHIR. — Baiser.
FRANC-MIJOU ou MITOU.—Faux malade.
FRIMAGE. — Passer devant les autorités.
FRANCILLON. — Français.

FRÉMILLANTE. — Assemblée.
FRÉMION. — Violon.
FRÉTILLANTE. -- Danse.
FRÉTILLE. — Paille.
FRIMOUSE. — Physionomie.
FROISSEUX. — Calomniateur.
FROLANT. — Traître.
FROLER. — Médire.
FLEUR DE MARIE. —Vierge.
FROLER SUR LA BALLE. — Médire de quelqu'un.
FRUSQUES. — Habillements.
FRUSQUIN. — Coquetterie.
FRUSQUINER. — Habiller.

GAFFRE. — Gardien de prison.
GALOCHE. — Menton.
GALIENNE ou GALIÈRE.— Cavale.
GALIER. — Cheval.
GALOUSER. — Chanter.
GALTRON. — Poulin.
GAGE. — Cheval.
GARGOINE (la). —Le museau, la bouche.
GAME. — Rage.
GANCE. — Clique.
GARDE-PROYE. — Garde-robe.
GAULE. — Cidre.
GAUX. — Époux.
GAZOUILLER. — Parler.
GERNAFLE. — Ferme.
GERBER. — Condamner.
GEORGET. — Gilet.
GI. — Oui.
GILBOCQUE. — Billard.
GIROLE. — Soit.
GITRE. -- J'ai.
GIRONDE. — Fille perdue, jolie, terme de mépris énergique.
GLACE. — Verre à boire. On dit aussi *glaci*.
GLACIÈRE-PENDUE. — Réverbère.
GLOCHETTE. — Poche.
GOBE-MOUCHE. — Espion.
GOBILLEUR.—Juge d'instruction.
GOBETTE (un). — Un verre de vin de prison.
GOGUENEAU. — Pot de nuit.
GOSSELIN, INE. — Jeune garçon, jeune fille.
GOUALER. — Chanter.

GOUALANTES. — Chansons.
GOUALEUR. — Chanteur.
GOUALEUSE. — Chanteuse.
GLIER, BOULANGER ou GLINET. — Diable.
GONZE. — Homme.
GOTEUR. — Paillard.
GOINFRE. — Chantre.
GOULU. — Puits.
GAUDIFFE ou GAUDILLE. — Epée.
GOUPLINE. — Une pinte.
GOUPINE. — Mise étrange.
GOUR PLEIN DE PIVOIS. — Un pot de vin.
GOURPLINE. — Plainte.
GOURDEMENT. — Beaucoup.
GOURÉ, ÉE. — Trompé, trompée.
GOURER. — Tromper.
GOUREUR, EUSE. — Trompeur, trompeuse.
GRAIN. — Ecu.
GRANDE BOUTIQUE (la). — La préfecture.
GRAISSER. — Gratter.
GRAND-BONNET. — Évêque.
GRAND-MECQUE. — Président.
GRATTER. — Raser.
GRATOU. — Rasoir.
GRATTE-COUENNE. — Perruquier.
GRATOUSE. — Dentelle.
GREFFIER. — Chat.
GREFFER. — Manquer de nourriture.
GREFFIR. — Dérober finement.
GRÊLE (de la). — Du tapage.
GRENU. — Blé.
GRENASSE. — Grange.
GRENUE. — Farine.
GRENUCHE. — Avoine.
GRESSIER. — Synonyme de greffier.
GRINCHE. — Voleur, escroc.
GRIME. — Arrêté, ou qui a la figure noircie.
GRIFFLEUR. — Brigadier de prison.
GRIFFONNEUR. — Jureur.
GRIFFONNER. — Jurer.
GRIS (le). — Le vent, le froid.
GRINCHER. — Voler.
GRISPIN. — Meunier.
GRIVE. — La garde, la guerre.
GRIVIER. — Soldat.

GUINCHE. — Barrière.
GUENAUD. — Sorcier.
GUENAUDE. — Sorcière.
GUEULARD, DE. — Bissac, poche.
GUIBONS ou GUIBES. — Jambes.
GUIBONS DE SATOU. — Jambes de bois.
GY, GIROLLE. — Oui.

HABIN ou HAPPIN. — Chien.
HABINE. — Chienne.
HABINER. — Mordre.
HABINÉ. — Mordu.
HABIN ENGAMÉ. — Chien enragé.
HALOT. — Soufflet.
HALOTER. — Souffler.
HALOTEUR. — Souffleur.
HALOTIER. — Souffleter.
HENNE ou BOUCHON. — Bourse.
HAPPER LE TAILLIS. — S'enfuir habilement.
HARICOT VERT. — Mauvais voleur.
HAUT-DE-TIRE. — Haut-de-chausse.
HAUT-TEMPS. — Grenier.
HARPIONS (les). — Les mains.
HAVRE ou GRAND-HAVRE. — Dieu.
HERPLIS. — Liard.
HOMICIDE. — Hiver.
HONNETE. — Printemps.
HUBINS. — Ceux qui se disent mordus de chiens enragés.
HUILE. — De l'argent.
HUITRES DE VARENNES. — Fèves.
HURE. — Riche.
HUS-MUST. — Grand-merci.

ICIGO. — Ici.
IL Y A DU PÉ. — Il y a du danger.
IMPOT. — Automne.
IRE-TU PICTE CE LUISANT? — As-tu bu aujourd'hui?
ITRER. — Avoir.

JAFFIER. — Jardin.
JAFFIN. — Jardinier.
JALO. — Chaudronnier.
JASANTE. — Prière.
JASER. — Prier.
JASPIN. — Oui.

JASPINER. — Parler, raconter.
JARS. — Argot.
JARDINER. — Se moquer, ricaner.
JAUNE. — Eté.
JAVARD. — Lin.
JERGOLE. — Normand.
JERGOLIER. — Normandie.
JETTARD. — Cachot.
JÉSUS. — Grand jeune homme payé pour satisfaire aux passions d'un vieillard.
JIROBLE. — Joli ou jolie.
JONC. — Or.
JONCHÉ. — Doré.
JONCHÉE. — Dorée.
JONCHER. — Dorer.
JOUSTE ou JUXTE. — Près, contre, proche.

L'ANGE ou LANCE. — L'eau.
LAVER. — Vendre.
LANCEQUINER (il va). — Il va pleuvoir.
LAFFE. — La vie.
LANGUINER. — Pleuvoir.
LA MINE. — Le Mans.
LA MORPHE. — Onguent.
LANCER. — Pisser.
LANDIER. — Blanc.
LAGOUT. — Eau à boire.
LAMPION. — Sergent de ville.
LANTERNE ou VANTERNE. — Fenêtre.
LA POUSSE. — La gendarmerie.
LARQUE ou LARGUE. — Catin.
L'ARTIF. — Ration de pain.
L'ATTIFFE. — Linge blanc.
LARTON BRUTAL. — Pain bis.
LARTON SAVONNÉ. — Pain blanc.
LAUMI. — Perdu.
LAUMIE. — Perdue.
LAUMIR. — Perdre.
LERMOND. — Etain.
LEURRÉ. — Trompé.
L'ESTOME. — L'estomac.
LERMONÉ. — Etamé.
LERMONÉE. — Etamée.
LESCAILLER. — Pisser de l'eau.
LIME ou LIMACE. — Chemise.
LINGRE. — Couteau.
LA ROUSSE EN PLANQUE. — La police vient.

LONGE ou LONGUE. — Année.
LOUGE. — Agé.
LOUCHE. — Cuiller.
LOUCHÉE. — Cuillerée.
LOURDE. — Porte.
LOURDEAU. — Portier.
LOUSTEAU. — Domicile, diable.
LUISARD, DE. — Le soleil, la lune.
LUISANT. — Le jour.
LUISANTE. — La nuit, la fenêtre.
LUQUES. — Faux certificats.
LUSQUIN. — Charbon.
LUSQUINES. — Cendres.
LUQUET. — Faux papiers, images.
LUSTRE. — Juge.
LUSTRÉ, ÉE. — Jugé, jugée.
LUSTRER. — Juger.

MACARONNER. — Agir en traître.
MALINGREUX. — Ceux qui ont de fausses plaies.
MALTAIRE. — Louis d'or.
MANGER SUR L'ORGUE. — Dénoncer ses pratiques ou complices.
MANNEQUIN DU TRIMBALLEUR DES REFROIDIS. — Corbillard.
MANILLE. — Anneau des forçats.
MANEZINGUE. — Marchand de vin. On dit aussi *mastroquet*.
MAQUI (mettre du). — Se mettre du rouge.
MAQUILLER. — Chicaner, travailler, battre.
MAQUILLER LES BRÊMES. — Tromper aux cartes.
MANDOLET. — Pistolet.
MANQUILLER. — Faire.
MAUGRÉE. — Directeur de prison.
MARCANDIER. — Marchand.
MARLOUSIER. — Maq....., souteneur de fille de joie.
MARON. — Sel.
MARRON. — Surpris.
MARRON-MALE. — Le vol sur soi.
MARMITE DE TERRE. — Prostituée qui ne gagne pas d'argent à son souteneur.
MARMITE DE FER. — Prostituée qui rapporte peu.
MARMITE DE CUIVRE. — Prostituée qui rapporte beaucoup.
MARMOUSE. — Barbe.

MARMOUSET. — Pot ou marmite.
MARPAUT. — Maître, homme.
MARQUANT. — Homme, souteneur.
MARQUE. — Fille.
MARQUIN. — Couvre-chef.
MARQUISE. — Femme.
MATHURINS. — Dés à jouer.
MATURBES. — Dés à jouer.
MATIGNON. — Messager.
MATOUAS. — Matin.
MEC ou **MEG DES MEGS.** — Dieu.
MÈCHE. — Moitié, demi-heure.
MELET. — Petit.
MELETTE. — Petite.
MENESTRE. — Soupe.
MENÉE. — Douzaine.
MENÉE D'AVERGOTS. — Douzaine d'œufs.
MENÉE DE RONDS. — Douzaine de sous.
MENTEUSE. — Langue.
MÉSIÈRE. — Un provincial, une victime.
MÉDECINE (une). — Un conseil.
MÉNESSE. — Maîtresse.
MÉRUCHÉ. — Poêle.
MÉRUCHON. — Poêlon.
MILLERIE. — Loterie.
MION DE BOULE. — Filou.
MICHON (du). — Du pain blanc.
MILLIARDS. — Ceux qui portent des bissacs sur le dos.
MIRETTE. — OEil.
MION. — Garçon.
MINOIS. — Nez.
MINEUR. — Manseau.
MIRQUIN. — Bonnet.
MITRON. — Boulanger.
MOLANCHE. — Laine.
MOUFIER. — Baiser.
MONTANT. — Pantalon.
MONTANTE. — Culotte.
MOME. — Enfant.
MOMAQUE. — Petit enfant. On dit aussi *moutard.*
MON LINGE EST LAVÉ. — Je suis vaincu.
MORFE (la). — Le repas, la mangeaille.
MORFIANTE. — Assiette.

MORFIER, MORFIGNER. — Manger.
MORNE. — Mouton, brebis.
MORNANTE. — Bergerie.
MORNOS. — La bouche.
MORNÉE. — Bouchée.
MORNIER. — Berger.
MOUCHAILLER. — Regarder.
MERIFFLAUTÉ. — Chaudement vêtu.
MOUILLANTE. — Morve.
MOULOIR. — Bouche.
MOUSSE. — Excrément.
MOUSSER. — Satisfaire ses besoins.
MOUSSERIE. — Latrine.
MOUSCAILLER ou **FILER DU PROYE.** — Ch...
MOUSSARD. — Chataignier.
MOUSSUE. — Chataigne.
MOUCHE. — Vilain.
MOUVANTE. — Bouillie.
MOUSSELINE. — Pain blanc.
MOUZU. — Téton ou mamelle.
MOUTON. — Mouchard.
MUETTE (La). — La conscience.
MUFFLE. — Imbécile.
MURON. — Sel.
MURONNER. — Saler.
MURONNIER. — Saunier.
MURONNIÈRE. — Salière.

NARQUOIS. — Soldat.
NAZONNAUT. — Nez.
NÉGRESSE. — Ballot recouvert de toile cirée.
NETTOYER. — Voler ou achever quelqu'un.
NIBERTE. — Non, terme négatif.
NISETTE. — Olive.
NIVET. — Chanvre.
NIVETTE. — Chanvrière, filasse.
NOURRIR LE POUPART. — Préparer le vol.
NOMBRIL. — Midi.
NOUJON. — Poisson.
NOUZAILLES, NOUZIGAN, NOUZIÈRE. — Nous.

OEIL (avoir l'). — Sans payer.
OCCASE. — Occasion, rencontre heureuse.
OCCASION. — Chandelier.

OLIVET. — Oignon.

OGRESSE. — Tavernière de tapis-franc ou maison galante.

ORNICHON. — Poulet.

ORNIE. — Poule.

ORNIE DE BALLE.—Poule d'Inde.

ORNION. — Chapon.

ORPHELINS. — Gens sans aveu, ceux qui vont de compagnie.

ORPHIE. — Oiseau.

ORVAL. — Porée.

OUTIL DE BESOIN.—La prostituée nomme ainsi un mauvais soute-neur.

OVALE. — Huile.

PACAUT ou PALOT. — Homme de campagne.

PACLIN ou PATELIN. — Pays. On dit aussi *pasquelin*.

PACMON. — Paquet ou ballot.

PAFFE. — Soulier.

PALLOT. — Paysan.

PAGNE (le). — Provision que le prisonnier reçoit du dehors.

PAIN ROUGE (manger du).— Vivre d'assassinats.

PALADIER. — Un pré.

PAQUELIN. — Flatteur ou l'enfer.

PALPITANT. — Cœur.

PAPELARD. — Papier.

PANTUME. — Catin.

PANTIN ou PANTRUCHE.— Paris.

PANTINOIS. — Parisiens.

PANIER A SALADE.— Voiture des prisons.

PANTRE. — Bête, simple.

PANTRE ARGOTÉ. — Type de la stupidité.

PANTRE ARNAU. — Qui s'aperçoit qu'il est volé.

PANTRE DÉSARGOTÉ. — Homme malin.

PARFOND. — Pâté.

PARFONDE. — Cave.

PASQUINER LA MALTOUSE. — Faire la contrebande.

PASSIER.— Soulier.

PASSIFFE. — Chaussure.

PATURON. — Pied.

PATURON DE CORNAUT. — Pied de bœuf.

PATURON DE MORNE. — Pied de mouton.

PAROUFLE. — Paroisse.

PARENT. — Paroissien.

PASSELANCE. — Bateau.

PAVOI. — Insensé.

PARRAIN. —Juge assistant le président.

PÉCUME. — Argent.

PÉDÉ. — Sodomiste.

PECCAVI. — Péché.

PERSIL EN FLEUR.— Commerce florissant d'une fille.

PESSILLER. — Prendre.

PÉGOCES. —Pous.

PÉGRIOT. — Petit voleur.

PELLARD. — Du foin.

PÉTOUZE. — Pistole.

PELOURT. — Loup.

PELOUETTE. — Louve.

PENTE. — Poire.

PENDU GLACÉ. — Réverbère.

PERSIL (aller au). — Accoster le passant.

PHAROS.—Gouverneur d'une ville.

PHILOSOPHES. — Souliers.

PIAULE. — Chambre, taverne.

PIAUSSER ou PIONCER. — Se coucher, dormir.

PIEU. — Lit.

PILER ou POLIR LE BITUME. — Se promener pour chercher pratique.

PICTER. — Boire.

PIED DE BICHE. — Outil de voleur casseur de portes.

PINCE-LOQUE. — Aiguille.

PICOURE. — Haie ou épine.

PIED. — Sol.

PIGNARD ou PROIE. — Cul, derrière.

PILIER. — Maître de maison de femme.

PINÇANT. — Ciseaux.

PINGRE. — Pauvre, avare. On dit aussi *Arca*.

PINET. — Denier.

PIOLER. — Tavernier.

PIOLET. — Gobelet.

PION. — Ivre.

PIFFE. — Nez.

PITANCE. — Nourriture.

PITANCHER. — Manger, boire.
PIVRE, PIVOI. — Vin.
PIVOI SAVONNÉ. — Vin blanc.
PIVOI VERMOISÉ. — Vin rouge.
PIVOI CITRON. — Vinaigre.
PIQUANTINE. — Puce.
PIVASTE. — Enfant.
PINCER. — Prendre.
PINOS. — Des deniers.
PIPET. — Château.
PLANQUER. — Cacher.
PLATUE. — Galette.
PLAQUER. — Venir, cacher.
PLANQUÉ (être). — Faire le guet.
PLANCHE AU PAIN. — Banc des accusés, tribunal.
PLANQUE. — Cachette.
PLAN. — Prison, cachot.
PLAN DE COUYÉ. — Subir une peine pour un autre.
PLANTER. — Laisser.
PLATRE. — Argent. On dit aussi *du pognon.*
PLUMADE. — Paillasse.
PLETTE. — Peau.
PLOUSE. — Paille.
PLUME DE BEAUCE. — Paille.
PLOMBER. — Puer.
PLOMBE (une). — Une heure.
PLOMBE (une) QUI NOCHE. — Une heure qui sonne.
PLOTTE. — Bourse.
PLURE. — Redingote, manteau.
POISSE. — Fripon.
PONGNE. — Main.
PONIFLE ou MAGNUCE. — Tribade.
POULE-D'EAU. — Blanchisseuse.
POLISSONS. — Ceux qui vont presque nus pour spéculer sur la bienfaisance.
POMMARD. — Bierre.
POMER MARRON. — Prendre sur le fait.
POUISSE-MAGNÉE. — Femme sans mœurs, tribade.
POISSON. — Souteneur, Amant d'une fille publique.
POUCHON. — Bourse.
POSER ET MARCHER DEDANS. — S'embrouiller, se vendre.
POUSSE (la). — La gendarmerie.

POUIFFE. — Argent.
POLOCHON. — Traversin.
POMPE ASPIRANTE. — Botte percée.
POUSSIER. — Poudre ou lit.
PRÉVOT. — Domestique de prison ou plus ancien de chambrée.
PROFONDE. — Cave ou poche.
PRONIER ou PATRON. — Père.
PRONIÈRE. — Mère.
PRIE-DIEU. — Cadre.
PRIANTE. — Messe.
PRIANT. — Chapelet.
PROYE LE C. — Synonyme de merdeux.

QUART-D'OEIL. — Commissaire de police.
QUAMPER. — Abandonner.
QUOQUE. — Aussi, même.
QUINZE BROQUILLES. — Un quart d'heure.
QUOQUER. — Trahir.
QUIMPER. — Tomber.
QUIMPÉ. — Tombé.
QUOQUÉ. — Pris.
QUOQUÉE. — Prise.
QUOQUARD. — Arbre.
QUOQUANTE. — Armoire.
QUOQUERRET. — Rideau.
QUOQUILLE. — Bête.
QUENIENTE. — Pas ou point.

RABIAGE. — Rente.
RABOTEUX ou DOUBLEUX DE SORGUE. — Voleur de nuit.
RADIN (faire un). — Voler un comptoir.
RADICON ou RASÉ. — Prêtre.
RADICRER. — Remoudre.
RADICREUR. — Rémouleur.
RAGOT. — Quart d'écu.
RAILLE. — Mouchard.
RAME. — Plume.
RANGRAISSER, RENGRACIER. — Se taire, renoncer.
RAISINÉ (du). — Du sang.
RATION DE LA RAMÉE. — Nourriture de la prison.
RAT DE PRISON. — Avocat.
RAPATU. — Morpion.
RATICHON. — Peigne.

RATICHONNÉ. — Peigné.
RAZI. — Curé.
REFILER. — Donner le vol à un compère ou suivre quelqu'un.
RECORDÉ. — Tué.
RECORDER. — Tuer.
REGON. — Dette.
REGONSER. — Devoir.
RENACHER. — Fromage.
REMOUQUER.—Monter, regarder.
REFROIDI. — Mort.
RENDEZ-MOI. — Rendre sur une pièce de monnaie.
RÉCOQUER. — Rendre.
RENACLER. — Crier après quelqu'un.
REBATIR. — Tuer.
REJAQUER. — Crier.
REFAIRE DE SORGUE (se). — Souper.
REFFOLER.— Voler par surprise.
RENG. — Cent.
REPOUSSANT. — Fusil.
RIFFLER. — Sévère.
RIFAUDER. — Chauffer.
RIFLE. — Feu.
RINCER. — Voler.
RIAULLE. — Bonne chère.
ROND. — Un sou.
ROMBOINÉ. — Sou marqué.
RONDINET. — Bague.
RONDACHE. — Alliance.
RONFLER A CRI. — Feindre de dormir.
ROULOTTE. — Voiture.
ROUILLARDE. — Bouteille.
ROUEN.— Officier de gendarmerie.
ROSSIGNANTE. — Flûte.
ROME. — Choux.
RONDELETS. — Mamelles.
RONDINE. — Boule, canne.
ROUATRE. — Lard.
ROUATRÉ. — Lardé.
ROSSIGNOL. — Haut-bois. On appelle ainsi un outil d'un casseur de porte.
ROUSSE A LA RENACHE. — Police secrète non commissionnée.
ROULANT. — Pois.
ROULANTE. — Charrette.
ROUPILLER. — Dormir.
ROUSTURE. — Homme en surveillance.

ROUPILLEUR. —Dormeur.
ROUPILLEUSE. — Dormeuse.
ROUSCAILLER-BIGORNE.— Parler argot.
ROUSCAILLANTE. — La langue.
ROUSSE. — Police.
ROVEAUX. — Gendarmes.
RUPIN. — Fameux, beau.
RUPINE. — Dame bien mise.
RUSQUIN. — Écu.
RUSTU. — Greffe.
RUSTIQUE. — Greffier.
RIFFAUDE TON GAYE. — Chauffe ton cheval.

SABOCHE (la) (homme qui déplaît :
SAOULLE (la) (terme de mépris employé particulièrement en prison.
SANGLIER (le). — Le prêtre.
SAIGNER DU NEZ.—Abandonner.
SANDALES.— Souliers.
SARREAU. — Chemise de prison.
SABOULER. — Incommoder ou crier.
SABOULEUX.— Ceux qui tombent du mal caduc.
SABRE. — Un bâton.
SABRER. — Auner.
SABREUR. — Auneur.
SABRENOT. — Cordonnier, savetier.
SABRIEUX. — Voleur de bois.
SACRE. — Argent.
SALIVERGNE. — Écuelle ou salade.
SAUTU. — Santé.
SAPINS. — Planches.
SAPINS DU MURON. — Grenier à sel.
SATOU. — Bois, forêt, bâton.
SAUTEUSE. — Puce.
SAUTE-RONDOLLES. — Agent de change, banquier.
SAUTER, act. — Voler.
SAUTER, neut. — Puer.
SALBIN. — Serment.
SALBINER. — Prêter serment.
SABLE. — Estomac.
SACRE. — Sergent.
SALE. — Gris.
SOUPLE. — Bleu.
SALIN. — Jaune.

S'AMADOUER. — Se marier.
SERPILLIÈRE. — Robe.
SERPILLIÈRE A RATICHON. — Robe de prêtre.
SAVONNÉ. — Blanc.
SERVIETTE. — Portefeuille.
SERVIR. — Arrêter.
SEZIÈRE, SEZINGAUD. — Lui.
SEIGNEUR A MUSIQUE. — Assassin nocturne.
SERRER. — Emprisonner.
SER (faire le). — Faire le guet.
SINGE. — Chef d'atelier, le patron.
SIANTE. — Chaise.
SIGUE. — 20 francs.
SIGUE (double). — 40 francs.
SINQUL. — Cela.
SITRIN. — Noir.
SITRON. — Aigre.
SOLEIL. — Exposition au carcan.
SOLIR. — Vendre.
SOLISSANT. — Vendant.
SORBONNE. — Tête.
SORBONNER. — Penser.
SOUDEURS. — Commis de l'octroi aux barrières.
SORGUE. — La rue.
SORGE. — La nuit.
SORNE. — Noir.
SOURICIÈRE. — Dépôt des prévenus.
SUER (faire). — Se faire donner part d'un vol.
SUER UN CHÊNE. — Assassiner quelqu'un.
SURIN. — Couteau.
STAFER. — Dire.
SINVES (des). — Des simples.
SURINEUR. — Donneur de coups de couteau.
STRON. — Sentier.
STUQ. — Part du larcin.
STUQUER. — Partager.
SUBTIL. — Dur.
SUBTILE. — Dure.

TABAR. — Manteau.
TANTE (ma). — Mont-de-piété.
TANTE (une). — Homme à vile passion.
TAPIS. — Café.

TAPIS-FRANC. — Cabaret du plus bas étage.
TALBINE. — Halle.
TALBINIER. — Hallier.
TALBIN. — Huissier.
TALBINER. — Assigner.
TAPPE (la). — La marque.
TARTINES. — Souliers.
TAQ. — Haut.
TAQUE. — Haute.
TAPIS-VERT. — Café où se réunissent les voleurs.
TATE-MINETTE. — Sage-femme.
TAQUINE. — Hauteur.
TAQUER. — Hausser.
TENANTE, TEZIÈRE; TEZIGNARD. — Toi.
TÊTUE. — Épingle.
TINETTES. — Bottes.
TÉTARD. — Homme de tête.
TIRANT. — Lacet.
TIRANS. — Bas.
TIRE. — Voler.
TIROU. — Route pavée.
TIRANTE. — Jarretière.
TIRER DES LONGES. — Faire plusieurs années de prison.
TOUCHE. — Tournure d'individu.
TOCCANGE. — Coquilles de noix.
TOCCANTE. — Montre.
TOQUE. — Mauvais.
TORTILLARD. — Fil de fer ou de laiton.
TORTILLER. — Boîter.
TORTU (du). — Du vin.
TORTOUSE. — Corde.
TOLLARD, TOLLE. — Le bourreau (vieux mot).
TOLE. — Derrière, logement.
TORNIQUET. — Moulin.
TOURNANTE. — Une clef.
TOUPIE. — Femme sans mœurs.
TOUPIN. — Boisseau.
TOUPINER. — Mesurer au boisseau.
TOURNER (faire). — Attraper.
TOUTIME. — Tout.
TOURTOUSINE. — Ficelle.
TRAC (avoir le). — Avoir peur.
TRIFFOIS ou TUFFRE. — Tabac.
TREFFLIÈRE, TRIFFOISSIÈRE ou TRÉFOUINE. — Tabatière.

TRIMANCHER. — Cheminer, marcher.
TRIMARD. — Chemin.
TRIMER. — Marcher.
TRAVIOLE. — Traverse.
TRIPOT. — Garde de police.
TRIMOIRE. — Jambe.
TRIQUE. — Dents.
TRIMBALLER. — Conduire.
TRIQUE. — Cabriolet.
TROLLER. — Porter.
TROLLEUR. — Commissionnaire.
TROGNE. — Figure.
TROTTINETS. — Souliers.
TRONQUE ou TRONCHE. — Tête.
TUBE. — Fusil.
TURBINEUR. — Travailleur.
TURBINEUSE. — Travailleuse.
TURC. — Tourangeau.
TURCAN. — Tours.
TURIN. — Pot de terre.
TURQUIE. — Touraine.
THUNE. — Pièce de cinq francs.
TRUNE. — Aumône.
TRUC. — Industrie quelconque.
TRUQUER. — Commercer.

UN DOUBLIN. — Dix centimes.
UNE LARGUE. — Prostituée âgée.
UNE MENESSE. — Prostituée jeune.
UN ROND. — Un sou.
URLE. — Parloir de prison.
UN NÉGOCIANT. — Un entreteneur.

UN MAYER, UN DON CARLOS. — Homme qui paie les filles.

VALADE. — Poche.
VAIN. — Mauvais.
VAINE. — Mauvaise.
VEAU MORNÉ. — Femme ivre.
VELOURS. — Cuir.
VENNE. — Honte.
VENETTE. — Peur.
VÉCULE. — Voiture.
VÉHICULE. — Voiture de remise.
VERDOUSE. — Pomme, prairie.
VERDOUSIER. — Pommier, jardin.
VENTERNE (vol à la). — Vol par la fenêtre.
VENTERNIENS. — Voleurs qui escaladent les fenêtres.
VESTIGES (les). — Les légumes.
VERGOGNE. — Colère.
VERGNE. — Ville.
VERMOIS. — Sang.
VERMOISÉ. — Rouge.
VICE-RACE. — Vicaire.
VILON. — Poète de prison.
VOUZAILLE. — Vous.
VINGT-DEUX. — Un couteau.
VOITE (une) ou ROULANTE. — Une voiture.

ZERVER. — Crier ou pleurer.
ZIGUE. — Un ami.

HALBERT (d'Angers).

LES PÈGRES ET LEURS NOUVEAUX TRUCS.

(LES VOLEURS ET LES NOUVEAUX VOLS.)

Les feuilles judiciaires ont de tout temps dénoncé les nouvelles roueries des chevaliers d'industrie, en les classant sous diverses dénominations ; nous ne pouvions mieux clore notre travail, qu'en ajoutant ici plusieurs nouveautés criminelles dans l'intérêt seul de nos lecteurs.

Nous avions déjà une assez belle classification de vols : le vol au pot, le vol au bonjour, le vol au rendez-moi, le vol à l'américaine et une foule d'autres dont la nomenclature est chaque jour exploitée par une foule d'industriels à la suite. En voici venir un nouveau que nous appelons le vol à l'équilibre, et dont la première représentation a eu lieu un de ces soirs sur le boulevart Mont-Parnasse. Un homme, autour duquel plusieurs personnes étaient rassemblées, tenait entre ses doigts un plateau de cuivre d'environ quatre pouces de diamètre, et qui, des bords au milieu, allait en s'arrondissant à une hauteur de trois ou quatre lignes. Cet homme pariait qu'il jetterait en l'air une grosse bille et qu'il la recevrait sur son plateau bombé, où elle se fixerait comme si elle tombait dans un creux. Quelques compères, mêlés à la foule, acceptaient le pari et gagnaient à chaque coup.

Alléché par la rapidité avec laquelle les écus de cet homme passaient dans les mains des parieurs, un paysan se risque à allonger une pièce de 5 francs. La bille est lancée dans l'espace, retombe sur le globe et s'y arrête après avoir éprouvé une légère oscillation. Le paysan demande sa revanche et perd encore ; une troisième pièce de 5 francs, une quatrième, ainsi de suite jusqu'à dix, passent dans la poche du prestidigitateur, qui n'a pas perdu une seule fois. Le pauvre paysan allait continuer et perdre infailliblement tout le contenu de son sac, quand un des spectateurs qui, lorsque le paysan s'était engagé dans la partie, avait remarqué que l'équilibriste avait changé la bille dont il s'était servi jusqu'alors, s'avisa de dire

tout haut : « Parbleu ! je gagerais que la bille est aimantée ! »
A cette brusque réflexion, le banquiste s'empressa de plier
boutique et se sauva, suivi de ses compères. Le succès qu'il a
obtenu l'engagera sans doute à recommencer, et la police de
sûreté en fera son affaire.

LE VOL A LA TANTE.

Une nouvelle espèce de vol, qui peut s'appeler le *vol à la
tante*, vient d'être malheureusement trop bien exploitée.

Un individu, mis avec beaucoup de recherche, se présente
chez une dame âgée, demeurant seule avec sa bonne. Il demande à celle-ci à entretenir sa maîtresse en particulier, pour
une affaire importante. Introduit, il raconte avec une grande
agitation et beaucoup de mystère que le neveu de cette dame,
lequel habite une commune peu éloignée dans la banlieue,
vient d'avoir une querelle violente dans un café ; une rixe s'en
est suivie, et le jeune homme a frappé son adversaire de telle
sorte qu'il est tombé mort. Comme le meurtrier est son ami
intime, il a profité du désordre causé par cet événement, l'a
entraîné et caché chez lui pour le soustraire aux recherches
de la justice.

Il vient de trouver les moyens de le faire évader : un bâti-
ment est sur le point de partir, il a vu le capitaine, s'est en-
tendu ; mais il exige pour le voyage une somme de 800 fr., et
comme il n'a à lui que 250 fr. de disponibles, il est, dit-il,
fort embarrassé pour satisfaire aux exigences du capitaine.
Cependant il se garde bien de demander directement à la tante
de compléter la somme. Il lui exprime les regrets de son neveu, qui est dans l'impossibilité de sortir, crainte d'être reconnu, mais qui n'a pas voulu partir sans l'instruire de son sort.

La bonne dame, saisie de cette nouvelle et ne pouvant pas,
à 85 ans et souffrante en ce moment, se transporter au domicile de l'officieux ami de son neveu, le prie de revenir bien-
tôt lui apprendre où en sont les choses.

Environ une heure après, notre homme revient et précise si
bien les choses, que la tante, dont il a éloigné toute défiance,
pense qu'elle peut bien confier quelque argent à un homme
qui a donné si généreusement 250 fr. à son neveu ; elle lui

remet donc une somme de 300 fr., tout ce qu'elle a en ce moment. L'autre fait observer que quelques effets, du linge, seraient nécessaires au fugitif ; on lui en remet encore, et il s'éloigne.

La nuit se passe, la journée de mercredi, la tante n'entend plus parler de rien ; mais elle a été tellement émue, que son indisposition s'est aggravée ; sa bonne, inquiète, envoie chercher le médecin. Le docteur, à force d'instances, obtint l'aveu des inquiétudes de sa malade. La bonne se met aussitôt en route et revient quelques heures après, accompagnée du neveu, qu'elle avait trouvé fort tranquille chez lui, et dont le premier soin, en apprenant de quelle escroquerie il avait été le prétexte, a été de mettre la police à la recherche de son trop obligeant ami.

LE MAQUILLEUR DE BRÊMES (1).

CONSEIL AUX GENS CRÉDULES.

Un de ces batteurs de pavés dont Paris fourmille, et qui ne sachant jamais en se levant aux dépens de qui ils passeront la journée, finissent toujours par la passer, et la passer douce. Léon Moland flânait le long des quais, aux environs des nouvelles constructions de l'Hôtel-Dieu, lorsqu'il avisa un jeune campagnard qui, la bouche béante et les yeux ouverts en porte cochère, regardait, en paraissant s'extasier, les maisons nouvelles, les ponts suspendus et le panache enfumé des paquebots de Melun et de Corbeil.

S'approchant aussitôt du brave gars, et le regardant d'un air de stupéfaction, il l'aborda à la manière des anciens racoleurs. « Corbleu le bel homme ! quelle tête ! quel développement frontal ! Excusez-moi, monsieur, je m'occupe spécialement de phrénologie, et quand je vois un *facies* comme le vôtre, je ne puis contenir mon admiration.—Vous êtes bien honnête, répondit en se découvrant le paysan, d'autant plus ravi qu'il ne comprenait rien à tous ces grands mots. — Permettez-moi, mon-

(1) Tireur de cartes.

sieur, reprit **Léon Moland**, de vous offrir un verre de vin dans le seul intérêt de la science. » Et avant que l'autre eût seulement eu le temps de répondre, il le conduisait dans un cabaret de la place Maubert, et, après avoir rempli leurs deux verres, s'asseyait en face de lui. « Mon jeune ami, reprit-il alors, il ne faut pas que mes manières vous étonnent ; la science et l'humanité, voilà ma morale. Je vous ai vu et j'ai dit : Voilà un jeune homme qui sera un jour ministre des finances, tambour-major ou maire de sa commune. Tel que vous me voyez, j'ai fait une douzaine de fois le tour du monde, et j'arrive de Constantinople, où j'allais pour sauver la vie et la couronne du grand turc. Malheureusement, il était mort à mon arrivée. — Ah ! diable ! interrompit le paysan ébahi ; mais je ne vois pas... — Nous y arrivons, au contraire, poursuivit Moland. Un jour, dans les pyramides d'Egypte, diverses sorcières de l'endroit m'ont révélé le secret de l'avenir, et, à l'aide tant de la phrénologie que de ce jeu mystérieux (ici il tira de sa poche un jeu de cartes dites *tarots*), je vois clair comme eau de roche quelle sera la destinée entière d'un individu.

« Quand je vous ai aperçu, jeune homme, je n'ai pu résister au désir de connaître votre *planète*. Allons, voulez-vous lire votre avenir ? — De grand cœur, voyons vite ce qui m'arrivera. » Ici le cartomancien étala son jeu sur la table ; puis, d'une voix criarde : « Oh ! l'heureux destin ! s'écria-t-il, vous vivrez cent ans, et vous serez comblé de tous les biens de la terre ! Votre père a servi ? — Oui, sous l'autre, répondit le paysan. — Votre père, dans les campagnes d'Allemagne, a conquis le cœur d'une princesse ; je ne vous en dirai pas plus. Il l'a oubliée, lui, mais elle, elle s'est souvenue du vainqueur français. Depuis qu'il est rentré au pays, elle n'a cessé de le faire surveiller, et, à votre naissance, elle a fait un testament qui vous institue légataire universel de tous ses biens. Or, jeune homme, je vois dans la carte de Saturne... Avez-vous là cinq francs ? j'en ai besoin pour l'opération. » Le paysan se hâta de donner la pièce que le cartomancien mit dans sa poche. « Je vois dans la carte de Saturne, continua-t-il, que le 21 du mois de décembre la princesse mourra. Vous hériterez immédiatement, et vous toucherez la succession pour vos étrennes. — Fameux ! et tout cela est dans les cartes ? Je n'en reviens pas ! disait le jeune campagnard émerveillé. Et vous croyez que je pourrai être maire ? — Vous serez préfet si vous voulez. On vous apportera la succession tout en or; il y en aura plein trois charettes. —- C'est fameux ! répétait le paysan. Garçon! encore un verre. Oh! que je suis content de vous avoir rencontré! Je vais faire écrire cela au pays. — Ecrivez, faites écrire, moi je vous quitte, il faut que j'aille à l'Observatoire. »

Le paysan paya au comptoir, et tous deux se séparaient bons amis, lorsque Léon Moland ne put retenir un éclat de rire en disant, après lui avoir serré la main : « Ah! ça, vous n'oublierez pas de mettre ici un mot, pour que je sache votre adresse, quand vous aurez reçu la succession de la princesse allemande. » A l'éclat de rire de Moland, le marchand de vins et deux ou trois buveurs qui se trouvaient dans la salle avaient répondu par un rire bruyant et faisant chorus. Le paysan, alors seulement, s'avisa qu'il avait bien pu être pris pour dupe. Il se mit à courir après le cartomancien, et réclama de lui ses cinq francs. Des agents placés en surveillance place Maubert eurent en même temps vent de l'aventure, et arrêtèrent Léon Moland, que nos lecteurs retrouveront incessamment sur les bancs correctionnels, face à face avec son honnête dupe, qui lui-même a raconté ces incroyables circonstances.

AVIS AUX AMATEURS D'ŒUVRES ARTISTIQUES.

Le vol au tableau est une variété du vol à l'américaine. Ce genre d'opération est exploité depuis quelque temps à Paris par un individu fort connu, qui y trouve de nombreux bénéfices, et qui l'exerce de telle façon, que la justice n'a pu encore l'atteindre.

Cet individu, né dans le midi, est encore jeune; il a une assez belle figure, une tournure distinguée et une toilette confortable. Il s'est fait l'habitué de quelques cafés, où il pérore avec cette assurance tranchante qui impose presque toujours aux masses, et où il dépense sans compter; poli, généreux, il a l'art de se faire bien venir de tout le monde, et de provoquer la confiance en donnant la sienne. Aussi, l'on ne tarde pas à savoir qu'il n'a pas de fortune, mais que, par la connaissance parfaite qu'il a des tableaux, il gagne beaucoup d'argent qu'il dépense gaîment, sûr d'en gagner toujours autant. C'est un état fort commode et qu'il exerce en se promenant. Les brocanteurs possèdent presque tous des tableaux dont ils ignorent la valeur; il les achète, les fait restaurer, et les revend dix, vingt et trente fois ce qu'ils ont coûté.

Il se trouve toujours, dans le nombre des auditeurs du méridional, quelques personnes qui s'exclament avec ravissement sur un état si lucratif. Notre homme s'attache de préférence à ceux-là; il les proclame amateurs de tableaux, et les invite à tour de rôle à venir voir sa superbe galerie.

Lorsqu'après un déjeuner offert chez lui, il a fait admirer les croûtes qui garnissent ses murailles, et que, sur sa parole, on regarde comme des chefs-d'œuvre, il sort avec son invité. Tout à coup il pousse une exclamation : « Oh ! s'écrie-t-il, quel bonheur ! un Rubens ! voilà six mois que j'en cherche un. » Et, entraînant son nouvel ami sur ses pas, il s'approche d'un brocanteur à l'étalage duquel append le chef-d'œuvre, et demande d'un ton dédaigneux :

— Combien cette croûte?

— Monsieur, répond le marchand, si vous appelez cela une croûte, vous n'en donnerez jamais le prix que j'en veux.

— Enfin voyons, croûte ou tableau, combien?

— Dix huit cents francs.

Il pousse alors le coude de son compagnon, et le regarde avec le sourire de la satisfaction. Puis, s'adressant au marchand :

— Je vous en donne 1,500 francs.

— Vous ne l'aurez pas à moins de 1,800.

— En voulez-vous 1,600?

— Non, monsieur.

— Alors, rien de fait.

Et il s'en va. A peine il a fait quelques pas, qu'il dit à sa dupe : « Cela vaut au moins 10,000 francs; il ne faut pas laisser échapper une si belle occasion. Quel dommage que je me suis dégarni d'argent avant-hier. Si vous voulez avancer les 1,800 francs, vous garderez le tableau; avant un mois je suis sûr de le vendre dix mille francs, et nous partagerons. » La pauvre dupe se laisse tenter, et le tableau est porté chez elle. Pas n'est besoin de dire que le brocanteur est de complicité avec le connaisseur qui lui a quelques jours auparavant apporté le tableau, et qu'il en reçoit de la main à la main, l'argent qu'il vient d'empocher.

Plusieurs personnes ont déjà été dupes de ce moyen, et il est bon que la publicité, en éveillant l'attention sur son auteur, arrête la dangereuse extension qu'il donne chaque jour à son indigne commerce.

Nous avons cru devoir clore ce petit livre par quelques chansons faites par les détenus à diverses époques dans les prisons de Paris. Nos lecteurs apprécieront. Une seule, sous le titre du *Guet des Veilleurs*, n'appartient pas à cette catégorie, elle est d'un jeune poète de nos amis, qui, empruntant à M. Victor Hugo quelques renseignements dans sa Notre-Dame de Paris (chapitre *Beso para golpes*) fait ressortir dans ces couplets tous les ordres de l'ancienne truanderie ou royaume d'argot.

VIEILLE CHANSON EN ARGOT.

PROPRE A DANSER EN ROND.

Sur l'air : *Donne vos, donne vos,* etc.

Entervez, marques et mions (1),
J'aime la croûte de parfond (2),
J'aime l'artie, j'aime la crie (3),
J'aime la croûte de parfond.

Au matin, quand nous nous levons,
J'aime la croûte de parfond,
Dans les entonnes trimardons (4).   J'aime.

Ou aux creux de ces ratichons (5),
J'aime la croûte de parfond ;
Nos luques (6) nous leur présentons.   J'aime.

----

(1) Écoutez, filles et garçons. — (2) J'aime la croûte de pâté. — (3) J'aime le pain, j'aime la viande. — (4) Chapelles des routes. — (5) Logement des prêtres. — (6) Images.

Puis dans les boules et frémions (1),
J'aime la croûte de parfond,
Cassons des hanes si nous pouvons (2). J'aime.

Puis quand nous avons force michons (3),
J'aime la croûte de parfond,
Dans les pioles (4) les dépensons. J'aime.

Aussi le soir quand arrivons,
J'aime la croûte de parfond,
Dans le castu où nous piaussons (5). J'aime.

Les barbaudiers sont Francillons (6),
J'aime la croûte de parfond,
Font riffauder nos ornichons (7). J'aime.

Avec nos marques et mions (8),
J'aime la croûte de parfond ;
Tous ensemble les morfions (9), J'aime.

PRODUCTION D'UN VILLON MODERNE (10),

Copiée sur les murs d'un cabanon de la prison de la Roquette. Comme elle a, elle aussi, sa morale, et qu'elle est écrite dans le style des voleurs, nous la reproduisons comme une pièce assez curieuse, et nous nous gardons bien d'en changer le sens et l'orthographe.

Air connu.

Un soir que j'étais dans la débine,
Un *coup de vague* il nous fallut donné :
Pour travailler, je mis *au plan* ma rondine,
Et mes *outeils*, nous fûmes les *déplanquer.* (*Bis.*)
Mais en passant le portier vous *excrache* ;
J'étais *fargué*, mais l'habit cachait tout ;
Le *jardinant*, je frisais ma moustache.
Un peu de toupè, et je passe partout. (*Bis.*)

(1) Dans les foires et assemblées.—(2) Couper des bourses. — (3) *Michons,* sous. — (4) Logements, auberges. — (5) L'hôpital, ou le pays où nous couchons. — (6) Les portiers sont Français. — (7) *Riffauder,* chauffer, faire cuire *nos ornichons,* nos poulets. — (8) Avec nos filles et nos garçons. — (9) Tous ensemble nous mangeons. — (10) *Poète filou,* qui est maintenant au bagne pour 20 ans.

En deux temps, j'*remouque* et j'débride;
Tout deux, en braves, nous *barbottions*,
Chez un *banquet*, la caisse n'est jamais vide;
D'or et de *billet*, nous trouvons un million.   (*Bis.*)
J'me suis lancé tout à coup dans l'grand monde,
Dans l'espoire de me paré de tout.
J'ai courtisé femmes brunes et blondes.
Quand on est riche on peut passé par tout.   (*Bis.*)

J'ai vaicut dans l'indépendance;
J'ai par courut les bals et les salons.
Dans les palais où règne l'opulence,
L'on mi rendi les honeurs d'un baron.

J'avais valais et caléche à ma suite.
Mes bons amis, puisqu'il faut vous dire tout,
Même à la cour j'ai rendu ma visite.
Quand on est riche, on peut passé par tout.

Il nous a paru curieux, ainsi que nous le disons plus haut, de donner à la suite de ces ignobles productions, deux chansons faites dans les prisons de Paris et appartenant à des écrivains distingués, qui ont eu le malheur d'être longtemps privés de leur liberté pour avoir trop osé croire à celle de la presse.

LE GUET DES VEILLEURS,

OU

LES TRUANDS EN 1480.

Imité du chapitre de Notre-Dame-de-Paris (*Beros para golpes*),

Par Victor HUGO.

Nota. Tous les noms bizarres inclus dans les vers marqués d'un astérisque étaient les différents grades de la Truanderie; voir dans le Dictionnaire pour l'étymologie des mots en argot.

Air de *Tempête*, de Loïsa Pujet.

D'Orsiny débride sa taverne,
Rappliquez, ribauds, truands, goualeurs*;
Le soudart qui r'mouche à la poterne
Pourrait allumer les chourineurs *.

Au loin le couvre-feu sonne,
Narquois, renquillons sans bruit;
Icigo, l'on piqu'te et chansonne,
Et l'on peut y sorguer la nuit.

REFRAIN.

Saisissons, mes frères,
Nos bouteilles et nos verres;
C'est la fête des fous;
Doublons nos glouglous.
(Bis.)
Saisissons, mes frères,
Nos bouteilles et nos verres;
Truands et chourineurs,
Narguons, gais trouvères,
Au cliquetis des verres,
Le guet des veilleurs.

Gais goss'lins de la cour des miracles,
Que Pantin bagoule Bohémiens
Ci-go l'on maquille des oracles,
Pour les béotismes parisiens;
Nous rions de la sanglade
Pigeant les bons archers du roi,
La nuit nous faisons bambochade,
Le jour le truc a son emploi.   Saisissons, etc.

Balafos et tambourins d'Égypte (1)
Détonnez vos rigolos accords;
L'ogive ni l'orgueilleuse crypte
De ces lieux ne forment les accords,
Buvons, fêtons, hubins et piètres *
Notre frangine Esméralda,
Demain nous verrons des fenêtres
Tomber la buona-mancia (2).   Saisissons, etc.

De Frolo j'ai pigé l'escarcelle,
Ce chanoine qui fait le rupin,
Remouquez, du flan! comme elle est belle,
Avec ça l'on singe le malin.

(1) Anciens instruments. — (2) L'aumône.

Versez, de par tous les diables
Capons, éclopés, sans taudis *,
Soyons injusticiables
Pour quelques livres parisis.   Saisissons, etc.

Coquillards et courtauds de boutanche *,
Rifodés, Marcaudiers et cagoux *,
Le grand-Coesre, a dit : Trève à la manche *,
Sabouleux, calots et francs-mitoux *,
Nommons pape de la fête
Quasimodo le sonneur ;
De fleurs couronnons sa tête
Noël au peuple malingreur.   Saisissons, etc.

LE PRISONNIER.

Chanson faite à Sainte-Pélagie dans la chambre de Béranger.

Air *du forçat libéré*, de Gabriel VÉRY.

De mon cachot, où me plonge la haine,
Mon Dieu, vers toi j'élève mes accents ;
Quoique captif, en contemplant ma chaîne,
Ma faible voix t'offre un timide encens.
Puisque le temps, dans sa marche tardive,
Semble se plaire à prolonger mes jours,
Sans mendier ni pardon ni secours,
Ah ! qu'à toi seul aille ma voix plaintive !
    Que la céleste et pure vérité
    Répande à tous la force et la clarté. *(Bis.)*

Tout s'embellit des dons brillants de Flore,
Le doux printemps ramène les zéphirs ;
De leurs baisers la rose se colore,
Et leur retour est celui des plaisirs.
La tyrannie, armant ses mains perfides,
Mit sur mon nom son terrible cachet ;
Trop tôt ravi du fraternel banquet,
Mon front courba sous leurs coups homicides.
    Que la céleste, etc.

Parfois je rêve une amante fidèle ;
L'illusion, image du bonheur,
En m'éveillant, me transporte près d'elle ;
Mais un soupir vient dissiper l'erreur.....
Mordant mes fers, je déteste la vie ;
Victime, hélas ! d'un sort immérité ;
Mais je suis fou !... Reprenons ma gaîté :
Souffrir n'est rien, quand c'est pour sa patrie !
    Que la céleste, etc.

Pourtant, bien jeune, et brillant d'espérance,
Je fus plongé dans cet affreux séjour ;
Je me résigne et brave la souffrance,
La mort sur moi doit s'arrêter un jour !
Là, je l'attends, et si demain l'orage
Doit par des flots me ramener au port,
Sans redouter les atteintes du sort,
Je redirai, m'élançant sur la plage :
    Que la céleste, etc.

A. H.

POSTCRIPTUM.

La langue parlée dans les conciliabules de voleurs sous la dénomination d'*argot*, qu'elle a toujours conservée depuis, dérive, dit-on, de Ragot, « l'élégant et insigne orateur bélistral unique, Ragot, jadis tant renommé entre les gueux à Paris, comme le parangon, roy et souverain maistre d'iceux, lequel a tant fait en plaidant pour le bissac d'autruy, qu'il en a laissé de ses enfants pourveuz avec les plus notables et fameuses personnes que l'on saurait trouver. » Je ne sais si l'on doit ajouter foi à cette assertion tirée des dialogues de Jacques Tahureau, mais ce qui est certain, c'est que l'argot était connu sous Louis XI. En ce temps-là cinq ou six pièces de vers furent écrites en langage argotique par François Villon, poète de quelque mérite *superlatif* en exploits de *coupe-bourses*, comme dit Et. Pasquier, et habile *tailleur de faux coins* (faux monnayeur).

Eh bien! s'il vivait de notretemps, et s'il lui prenait fantaisie de déroger par une semblable composition à l'étiquette de notre littérature, il n'y réussirait pas sans difficulté. Aujourd'hui l'argot est pauvre, et se prête mal à la poésie, même à la poésie lyrique, qui permet plus de licence que toute autre. Au nombre des chansons fredonnées dans les prisons, dans le genre de celles des pages 28, 29 et 30, je n'en connais en vérité pas une seule qui mérite d'être rapportée ici comme complément.

Voici une burlesque traduction argotique d'un permis de publicité, et que l'on retrouve à la fin de tous les anciens vocabulaires des filoux.

CONDÉ.

J'ai mouchaillé le babillard, qui se bagoulo. Dictionnaire d'arguche, maquillé par A. H., l'un de nos archi-suppôts, et l'itre toutime babille, je n'y itre réconoblé floutière de vain et otépinière de chenu, pourquoi j'itre foncé condé de la cartauder.

A Pantin en jaune de la longue qui boule.

P. F., cagou du Grand-Coesre.

TRADUCTION.

J'ai regardé le livre qui se nomme Dictionnaire d'argot, fait par A. H., l'un de nos docteurs, et l'ai entièrement lu, je n'y ai reconnu rien de mauvais, et n'y ai trouvé que du bon; pourquoi j'ai permis de l'imprimer.

A Paris en été de l'année présente.

P. F., lieutenant du maître des gueux ou truands.

FIN.

Impr. de Pommeret et Moreau, quai des Grands-Augustins, 17.

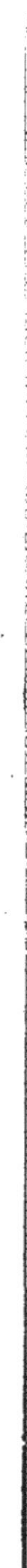

Impr. de Pommeret et Moreau, quai des Augustins, 17.